Hanneke Raidt

Gebroken spiegelbeeld

Een visuele reis langs mijn leven met DIS

novum ◢ pro

Dit boek is ook als
e-book
verkrijgbaar.

www.novumpublishing.nl

© 2023 novum publishing

ISBN 978-3-99146-361-0
Geredigeerd door: Bram Slembrouck
Omslagfoto: Hanneke Raidt
Ontwerp omslag, lay-out & typografie:
novum publishing
Foto's binnendeel: Hanneke Raidt

www.novumpublishing.nl

Climate neutral
Print product
ClimatePartner.com/16547-2201-1002

Voor mijn lieve man Gert-Jan
en onze kinderen
Wouter & Lieke, Ruben en Joëlle.
Zij gaven mij de moed en kracht om door te gaan.

In the end, it's not what happens to us that matters most –
it's what we choose to do with it.

Dr. Edith Eger

Voorwoord

Na een intensief en heftig proces van bijna 12 jaar, met diepe dalen, opnames en diverse therapieën, sluit ik op 22 december 2022 mijn behandeling bij Eleos (een GGZ-instelling) af. Ik ben zo goed als hersteld van mijn DIS (dissociatieve identiteitsstoornis) en kan het laatste stukje alleen verder.

Door hard te vechten tegen het verleden dat mijn toekomst zo in de weg zat, het geduld en het vertrouwen van mijn man Gert-Jan en onze kinderen, de deskundigheid en volharding van mijn psycholoog en daarnaast mijn trouwe God, die mij nooit heeft losgelaten, is het gelukt om mijn delen (bijna) te laten integreren. Ik ben bijna weer één geheel en niet meer opgedeeld in meerdere persoonlijkheidsdelen.

Tijdens mijn jarenlange strijd, waarin het vaak moeilijk was om mijn emoties en gedachten in woorden uit te drukken, heb ik heel veel tekeningen gemaakt. Een aantal daarvan zijn in het boek geplaatst, waardoor dit vooral in beelden weergeeft hoe mijn proces verlopen is.

De tekeningen zijn met diverse materialen en achtergronden tot stand gekomen, zoals (pastel)potlood, pastelkrijt en acrylverf.

Door de emoties en gedachten proberen te vangen in een beeld, droeg dit bij aan mijn verwerking van mijn getraumatiseerde leven.

Ik ga niet in op de trauma's zelf, om zowel mijzelf als anderen te beschermen. Dat de gebeurtenissen veel impact hadden, blijkt wel uit het feit dat ik de trauma's ontvluchtte door te dissociëren (dissociatie is een toestand van verlaagd bewustzijn. Als je last hebt van dissociatie kan het voelen alsof je gedachten, gevoelens, herinneringen en lichamelijke gewaarwordingen niet van jezelf zijn).

Het gaat hierin puur om het proces van de afgelopen 10 jaar.

Hanneke Raidt
april 2023

Uitleg over DIS

Om het boek beter te kunnen begrijpen, is het goed om te weten wat DIS precies is.

Een korte uitleg:

Als een kind een traumatische gebeurtenis meemaakt, wordt het geconfronteerd met heftige emoties. Emoties die het kind niet kan verdragen. Soms zijn er omstandigheden waarin het kind zijn of haar emoties niet kan uiten. Hierdoor kunnen er in het hoofd van het kind delen (sommigen noemen ze alters) ontstaan die als het ware het verdragen van die emotie overnemen. Op deze manier kan het kind enigszins met het trauma omgaan. Wat vervolgens gebeurt, is dat de delen een soort eigen leven gaan leiden in het hoofd van de getraumatiseerde persoon. Iemand kan zich lange tijd niet bewust zijn van deze delen, maar wel heel veel drukte, chaos en stemmen in zijn of haar hoofd ervaren. Als de persoon opnieuw met emoties wordt geconfronteerd, door bijvoorbeeld herinnerd te worden aan het trauma, kan een deel de controle overnemen. Meestal is er sprake van meerdere delen.

Om DIS te behandelen, is een langdurige therapie nodig. Het doel hiervan is dat iemand zijn delen leert kennen en er controle over krijgt. Ook de behandeling van het trauma is een onderdeel van de therapie, wat maakt dat het een zwaar proces is die jaren, wel zeven tot tien jaar, in beslag kan nemen.

DIS is zeker géén fantasie. Ook is het geen bezetenheid, een gekte of een hype. Sommige DIS-patiënten zien het zelfs als een geschenk van God, om hen door een moeilijke tijd heen te helpen.

DIS komt ongeveer bij 4% van de bevolking voor, meer bij vrouwen dan bij mannen.

De belangrijkste kenmerken van iemand met DIS zijn:
- Er zijn aanwijzingen dat je meerdere persoonlijkheidstoestanden (identiteiten) hebt. Minstens twee van jouw identiteiten nemen jouw gedachten, gedrag en gevoelens regelmatig over. Je hebt geen controle over of bewustzijn van de wisselingen.
- Je hebt 'gaten' in je geheugen (amnesie). Grote gebeurtenissen, maar ook gewone dagelijkse bezigheden of boodschappen, kun je je niet meer herinneren. Je hebt maar weinig herinneringen aan je jeugd. Het komt ook voor dat je op een bepaalde plek bent, maar niet meer weet hoe je daar gekomen bent.
- Je hebt soms het gevoel alsof je jezelf 'vanaf een afstandje bekijkt', los van je lichaam en gevoelens (depersonalisatie).
- Je eigen, vertrouwde omgeving voelt soms onwerkelijk en vreemd aan (derealisatie). Vrienden en familieleden komen je niet bekend voor.
- Je ervaart stemmen in je hoofd die allemaal iets anders van je willen en verwachten (identiteitsverwarring).
- Je kunt ook last hebben van lichamelijke klachten, zoals ernstige hoofdpijn, wazig zien of buikpijn.
- Suïcidale neigingen of automutilatie (zelfbeschadiging).

Het begin

Sinds 2006 heb ik veel last van mijn beide handen. De dokter zegt dat ik het syndroom van De Quervain heb. Dat is een irritatie van de peesschede en de twee pezen die daar doorheen lopen. De symptomen hiervan zijn pijn en zwelling aan de duimkant van de pols.

Er is al veel aan gedaan om het te genezen, waaronder injecties met corticosteroïden en meerdere operaties, maar geen van de behandelingen hielp. Ook de fysiotherapeut kon de pijn niet verhelpen en bij een second opinion kwam ook niets nieuws naar voren. Ik moest er maar mee leren leven, was uiteindelijk de boodschap. Ik had drie jaar lang gedokterd en was er niets mee opgeschoten.

Mijn copingstrategie[1] om het leven te leven wat ik graag wilde ondanks de beperkingen aan mijn handen, was fanatiek sporten, mijn grenzen opzoeken en daar steeds maar overheen gaan. Blijkbaar was het vermijden van mijn gevoelens altijd al op deze manier aanwezig. Zo ben ik ook omgegaan met de trauma's uit mijn jeugd. Ik deed alsof er niets aan de hand was, want ik wist ook niet dat er iets aan de hand was. Maar in januari 2011 werd ik letterlijk stilgezet door de toenemende pijn. Het sporten ging niet meer. Mijn nachten werden ook steeds slechter en mijn humeur werd er ook niet beter op.

Op 23 mei 2011 ging ik op advies van de bedrijfsarts naar mijn huisarts. Die vertelde mij dat ik een depressie had. Ik werd steeds somberder. Ik had chronische pijn aan mijn handen, waardoor ik steeds tegen mijn beperkingen aanliep. Ik kon het gewoon geen plek geven. Ik raakte enorm met mijzelf in de knoop. Toen ik dit vertelde aan de directeur van de school waar ik werkte als onderwijsassistent, stelde hij voor om de bedrijfsarts weer in te schakelen. De bedrijfsarts verwees mij naar een bedrijfsmaatschappelijk werker en zo kwam ik in de molen terecht die hulpverlening heet.

Mijn bedrijfsmaatschappelijk werker maakte zich zorgen over mijn toenemende somberheid en was bang dat ik mezelf iets wilde aandoen. Ik kende mezelf zo niet, raakte vaak tijd 'kwijt' en werd meegezogen in de depressieve gevoelens. Het overviel me en ik kon het niet bevechten.

---

1 Copingstrategie
  Iedereen reageert op bijvoorbeeld stress, werkdruk, een scheiding, lichamelijke pijn, angst of geldzorgen. De manier waarop je omgaat met zulke situaties wordt 'coping' genoemd. Het woord coping is Engels en afkomstig van 'to cope with' wat 'kunnen omgaan met' betekent. Hoewel het woord van oorsprong Engels is, wordt het begrip ook in de Nederlandse psychologie gebruikt.
  Voorbeelden van copingstrategie zijn: vluchten, vermijden en vechten.

Onrustige gedachtes namen de overhand en ik raakte steeds meer tijd kwijt. Als ik weer bewust werd van de dingen om me heen, zag ik dat ik mezelf in mijn armen had gesneden of dat ik ineens op een totaal andere plaats was. Soms bevond ik mij bijvoorbeeld zonder jas helemaal aan de andere kant van de stad. Ik schrok ervan, want ik kon mij niet herinneren dat ik ging automutileren[2] of dat ik was weggelopen.

De onrust nam toe, de moedeloosheid ook, tot ik op 26 juni 2011 volledig instortte, waardoor de crisisdienst werd ingeschakeld.

De muur die ik had opgebouwd, stond echter stevig vast. Ik liet met moeite iets van mijzelf zien.

De kloof tussen mijn gevoel en verstand was ook groot. De brug was beschadigd en ik was niet meer in staat ze bij elkaar te brengen. Daardoor leek het alsof mijn verstand mij totaal in de steek liet.

Ik voelde mij eenzamer dan ooit. Niemand leek mij te begrijpen en ik begreep mijzelf ook niet meer.

Uiteindelijk werd na 3 jaar worstelen op 23 juni 2014 de volgende diagnose gesteld:

dissociatieve identiteitsstoornis (DIS), complexe posttraumatische stress stoornis (PTTS), depressieve stoornis in remissie en afhankelijkheidsstoornis.

Na deze diagnose kwam er nog eens 9 jaar worstelen bij voor herstel.

---

2 Automutilatie of zelfbeschadiging is een uiting van psychische pijn, boosheid of verdriet. Het betekent dat je verwondingen of letsels aan je eigen huid of lichaam toebrengt, zonder dat je daarbij de intentie hebt je leven te willen beëindigen.

Vormen van zelfbeschadiging zijn snijden, krassen, krabben, branden, haren trekken, hoofdbonken, schadelijke stoffen innemen, of voorwerpen in het lichaam brengen.

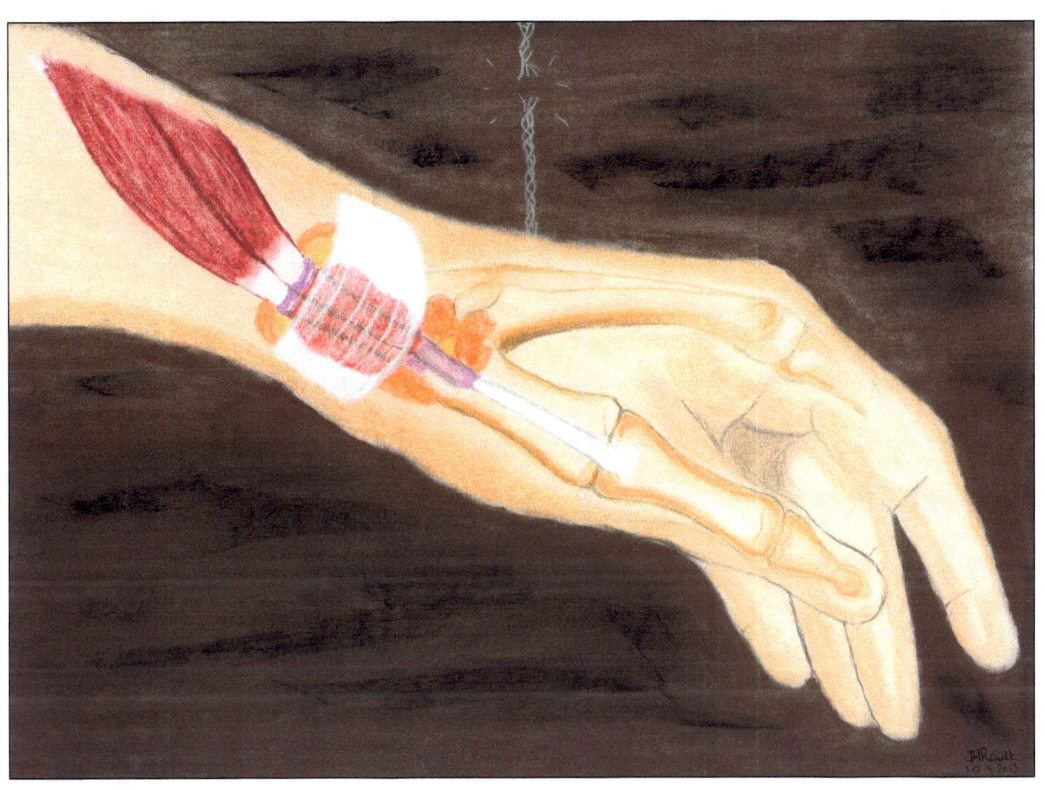

Syndroom van De Quervain.

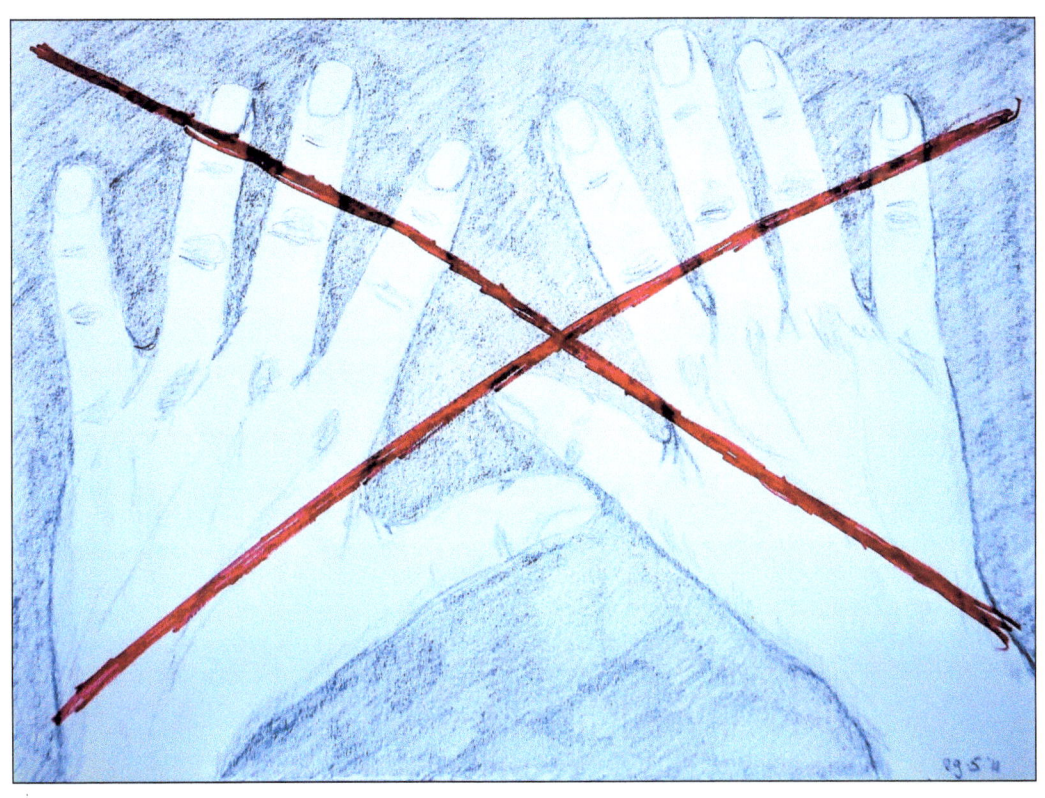

Ik haat de pijn in mijn handen.

Ik zit zo met mijzelf in de knoop dat ik niet weet wat ik moet doen met mezelf.

*De kloof tussen mijn gevoel en verstand is ontzettend groot. De brug is beschadigd en ik ben niet meer
in staat ze bij elkaar te brengen, waardoor het lijkt alsof mijn verstand mij totaal in de steek laat.*

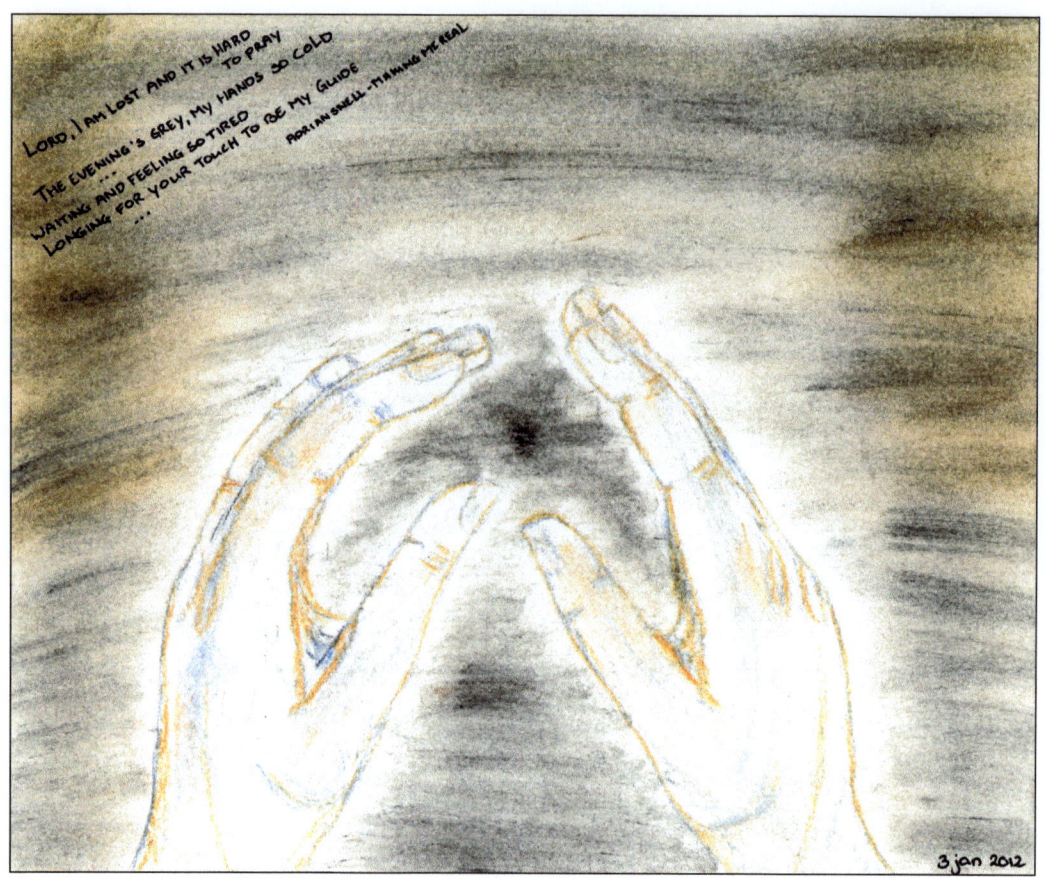

'My hands so cold' – Zo eenzaam, zo koud!

De muur die ik probeer neer te halen, lijkt onbreekbaar.

Een passende behandeling

Ik voelde me nog steeds heel erg eenzaam en wanhopig. Bij zowel de eerste psycholoog, waar ik uiteindelijk terecht kon voor EMDR[3], als bij de haptotherapeut, waar ik al een aantal behandelingen had gehad, liep ik vast. Aan het eind van 2012 kwam mijn psycholoog niet meer verder met mij en stopte ze de behandeling. Ze verwees me door naar een ander traject, waardoor ik opnieuw in de molen van intakes belandde. In 2013 kon ik terecht bij een nieuwe hulpverlener.

Het kostte me heel veel moeite om weer het hele verhaal te doen, maar dat was blijkbaar noodzakelijk. Mijn nieuwe hulpverlener was de GZ-psycholoog Emma[4] bij Eleos, een fijne en meelevende vrouw, maar ook iemand die dwars door je heen keek.

Bij Eleos werd ik verder geholpen en daar zou ik ook tot het einde van mijn behandelperiode blijven.

---

3 EMDR: Eye Movement Desensitization and Reprocessing is een therapie voor mensen die last blijven houden van de gevolgen van een schokkende ervaring, zoals een ongeval, seksueel geweld of een geweldsincident. EMDR werd meer dan 25 jaar geleden voor het eerst beschreven door de Amerikaanse psycholoog Francine Shapiro. In de jaren daarna werd deze procedure verder uitgewerkt en ontwikkeld tot een volwaardige en effectieve therapeutische methode.
EMDR-behandelingen verlopen gestructureerd, in een aantal fasen. De kern van de procedure bestaat eruit dat de cliënt allereerst gevraagd wordt om de traumatische gebeurtenis, zoals die nu in zijn of haar hoofd zit, in grote lijnen te vertellen. Vervolgens wordt nagegaan welk beeld (of beelden) van deze herinnering in het hier-en-nu nog de meeste spanning oproept.
Wanneer dit beeld is geïdentificeerd, worden o.a. de bijbehorende betekenis, emotie, mate van spanning en de locatie van de ervaren spanning in het lichaam vastgesteld. Hierna neemt de cliënt het beeld in gedachten evenals de zogenaamde 'geassocieerde disfunctionele overtuiging' (bijvoorbeeld: 'Ik ben machteloos') en richt de aandacht op de plaats in het lichaam waar de spanning vooral gevoeld wordt. Tegelijkertijd wordt een afleidende taak aangeboden, waardoor het werkgeheugen belast wordt. Meestal gaat het om het met de ogen volgen van links-rechts handbewegingen van de therapeut.
De cliënt laat vervolgens het beeld 'los' en neemt waar wat er aan gedachten, gevoelens, lichamelijke sensaties en dergelijke opkomt. Om de halve minuut vraagt de therapeut wat er op dat moment opkomt (bijvoorbeeld: 'Ik voel spanning in m'n buik') en vraagt de cliënt zich daarop te richten, waarna weer een halve minuut het werkgeheugen wordt belast. Na verloop van tijd wordt nagegaan hoeveel spanning het beeld nog oproept als er weer naar gekeken wordt. Vervolgens wordt dan ingezoomd op het aspect van het beeld wat nog de meeste spanning oproept waarna de procedure zich herhaalt net zolang tot het beeld geen spanning meer oproept.
Daarna wordt een positieve overtuiging (bijvoorbeeld: 'Ik kan het aan') aan het beeld gekoppeld (terwijl het werkgeheugen kort belast wordt), net zolang tot deze overtuiging voor iemand maximaal geloofwaardig is.
4 gefingeerde naam

Ik krijg een doods gevoel van mijn dagboek waarin ik de dingen schrijf die ik me kan herinneren.

Mijn masker, dat ervoor zorgde dat mensen om mij heen dachten dat alles wel goed was, is voorgoed verbrijzeld. Het lukt me niet meer om te doen alsof alles oké is.
Mijn masker kon ik nu niet meer vasthouden. Hij viel van mij af en brak in oneindig losse stukken.
Niet meer te maken, dat deed enorm veel pijn.

Gebroken hart, gebroken gedachten, verwarring alom.

Paniek in de metro in Parijs.

Het uittekenen van een stukje van mijn verleden deed enorm veel pijn, riep zoveel heftige emoties op, dat ik weer dissocieerde en ging automutileren.

EEN VOL HOOFD
IN EEN LEEG HUIS
KILTE
STILTE
NACHTEN
WACHTEN
LAAT
DROMEN
KOMEN

'Een vol hoofd in een leeg huis'.

Doodlopend spoor.
Ik sta op een verlaten spoor, achtervolgd door de schimmen uit het verleden, die mij niet willen loslaten.

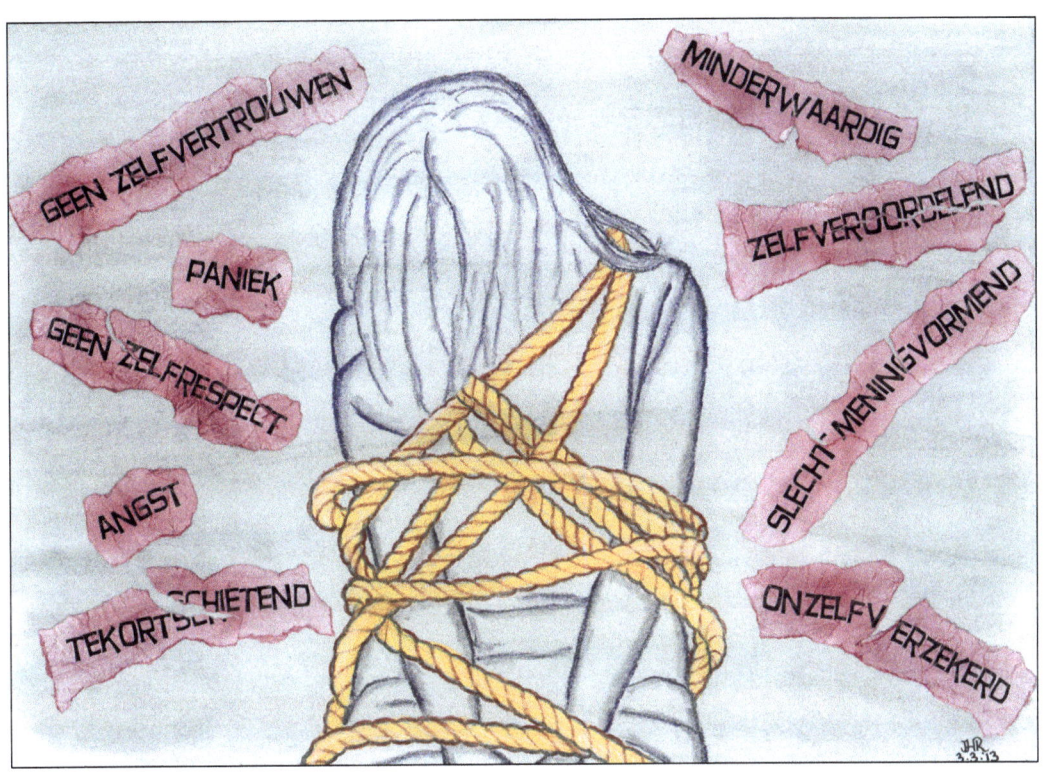

Gevangen in mijn negatieve zelfbeeld.

Acceptatie van De Quervain – 13 april 2013
Deze dag schoot het door mijn hoofd, ineens. Alsof het nu pas landde:
deze handen horen eenmaal bij mij, of ik het nu leuk vind of niet. Dit kwam door verschillende voorvallen.
Een onschuldig gesprek met onze stagiaire, die me vroeg waarom ik een brace droeg; het lezen van de
opdracht van mijn psycholoog; een gesprek met onze zoon; een gesprek met een instructrice van de manege
waar ik paardrijd; door het paardrijden zelf, wat na een lange tijd weer wat beter ging. De puzzelstukjes
leken op hun plek te vallen. Kennelijk was ik er al een poos onbewust mee bezig. Dit moest een plek krijgen
in mijn hoofd en in mijn hart. Het is zoals het is en niet anders. Ik heb me lang genoeg ertegen verzet.
Het is klaar! Ik mag het zeggen als ik iets niet kan, omdat het te veel pijn doet. Ik mag het zeggen als ik
weer heel veel pijn heb. Dat hoef ik niet voor mezelf te houden: dat is geen zeuren, maar de realiteit!
Vanaf nu gaat mijn blik naar de dingen die ik wel kan en niet meer naar de dingen die ik niet meer kan!
Na deze acceptatie konden Emma en ik verder aan het werk met mijn verleden.

Oorlog in mijn hoofd.
Tweestrijd in mijn hoofd. Ik móet gaan praten, ook over alle moeilijke dingen, maar 'iets' in mij
weerhoudt mij. Dat iets lijkt nu sterker te zijn dan de kracht om te gaan praten.
Deze tekening liet ik aan Emma zien, maar daarna ging het mis. Ik was mezelf niet meer en raakte
tijd kwijt. Toen ik me alles weer bewust werd, was de tekening verscheurd.
Later heb ik de delen van de tekening weer aan elkaar geplakt.

Ik roep om hulp bij Emma, maar loop zelf van haar weg. Ik wil gewoon niet meer verder. Nog meer gebeurtenissen uit die tijd heb ik niet meegekregen. Vaak werd ik overgenomen door een van mijn alters, een opstandige 16-jarige puber die naar de naam Chris luistert. Met 'overname' bedoel ik dat ik ging dissociëren in een van mijn alters.

Na dit voorval stortte ik in en kwam op de gesloten afdeling van een psychische zorginstelling terecht. Nog steeds wist ik niet wat mij precies mankeerde en dat maakte me bang.

Paniek.
Confrontatie met het verleden, doordat ik mijn misbruiker tegenkwam.
Ik voel mij weer klein en zoek bescherming.

Angst en nachtmerries.

Opstand. Onrust en strijd in mijn hoofd.

Verslagen gevoel

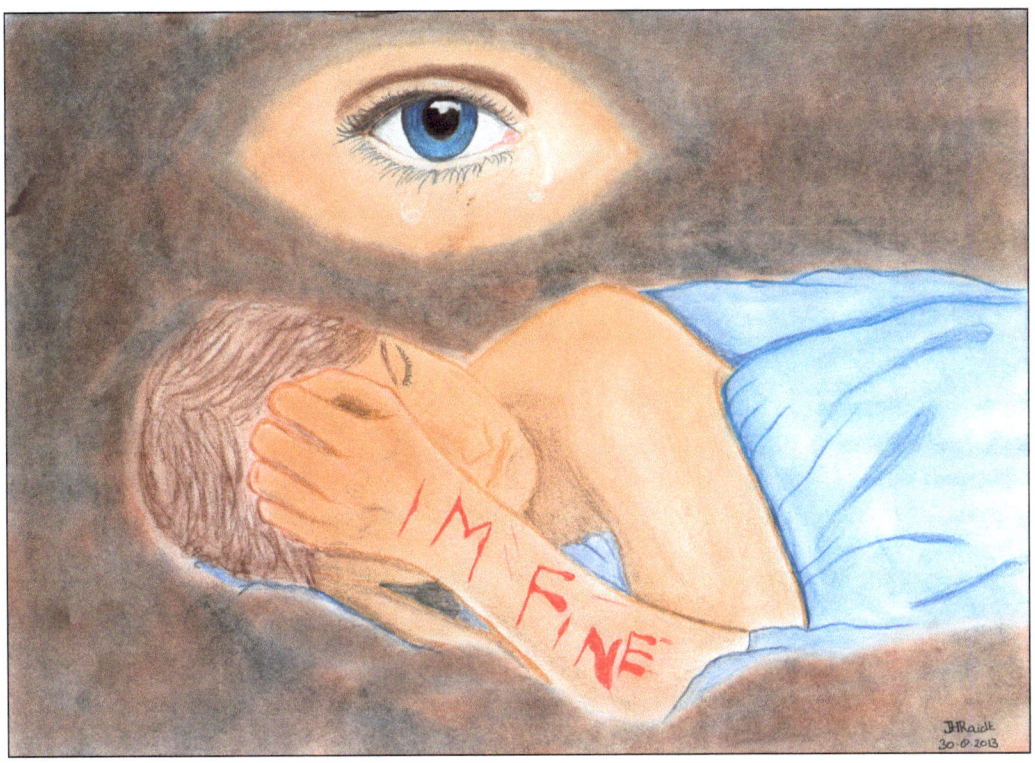

In november word ik weer opgenomen voor een periode van 4 weken, kostbare tijd die ik met Emma kon hebben. Het valt me erg zwaar. Ik voel me weer verslagen en weet niet hoe ik verder moet.

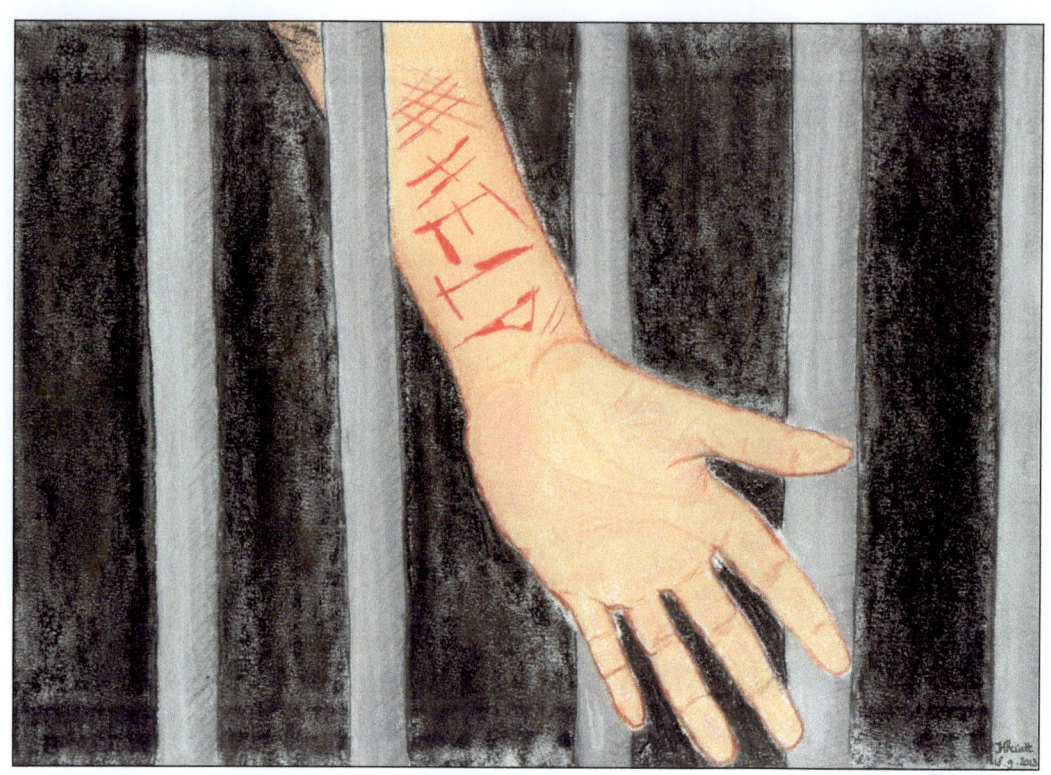

Naast mentaal, nu ook fysiek gevangen.

Storm.
Alsof ik stuurloos ronddobber op een wilde zee, bijna overspoeld door de golven van machteloosheid,
verdriet, ontreddering. Toch klamp ik mij min of meer vast aan mijn roer om toch het evenwicht
te kunnen bewaren. Ik moet wel verder, hoe moeilijk, hoe wild de golven ook zijn.
Verderop zie ik de zee kalmer worden ... toch???

Op 21 januari 2014 moest ik gedwongen afscheid nemen van Emma, omdat zij boventallig werd verklaard.
Dit afscheid hakte er bij mij ontzettend in en ik was vastbesloten om haar opvolgster op afstand te houden.
Ik wilde niet verder zonder Emma, want ik was haar net gaan vertrouwen.
Zij kwam ook voor het eerst met het vermoeden dat ik DIS heb.

Verslagenheid.
In- en indroevig, terneergeslagen, teleurgesteld, verward.

Wachten in onzekerheid.
Wachten tot het water komt en mijn bootje weer kan gaan varen. De grond is kurkdroog en het water is
nog niet in zicht. De klok en de kalender impliceren de uren, dagen, weken, maanden die ik moet wachten
voordat ik eindelijk eens verder kan. En het voelt zo zwaar zonder Emma.

Ik vind mijn troost en kracht bij de paarden in mijn omgeving: op de manege en op de zorgboerderij.

Op 30 januari 2014 begon ik bij mijn nieuwe GZ-psycholoog, Ilse[5]. Voor mijn gevoel moest ik opnieuw starten. Ik kon Emma niet vergeten en vond het ontzettend moeilijk om verder te gaan. De eerste periode liep Ilse tegen een hoge, stevige muur op.

---

5 Gefingeerde naam

In het begin kreeg Ilse ook maar een klein stukje van mijn ijsberg te zien. Het onderste, tevens grootste,
deel was verborgen voor anderen, zeker voor haar! Ik liet niemand toe om ernaar te duiken.
Alleen ikzelf was mij bewust van de ijsberg onder de waterspiegel.

Anger is nothing more than an outward expression of hurt, fear and frustration

Ik bleek ook erg bang te zijn voor boze ogen. Ik reageerde dan ook heftig als Ilse een keer wat bozig naar mij keek. Maar vaak zeggen die boze ogen echter meer over de persoon erachter dan over mij.

Ilse bleef echter stug volhouden, waardoor ik me mondjesmaat, na een maand of 9 toch open ging stellen.

Door Ilse werd ik attent gemaakt op een zorgboerderij, waar ze ook paarden hadden. Al snel werd ik verliefd op een stoere quarter horse. Ook ging ik al een tijdje naar een manege voor mensen met een fysieke en geestelijke beperking, zodat ik ondanks mijn handicap toch kon paardrijden. Door de paarden vond ik wat troost, kracht en rust. Ze leken mij te begrijpen.

In contact met mijn delen

Toch bleef het allemaal erg moeizaam gaan. Op een gegeven moment had ik een intake bij een zorginstelling die gespecialiseerd was in DIS. Zij bevestigden het vermoeden dat ik DIS heb. Bij deze zorginstelling zou ik verder gaan met de behandeling, maar er was een wachttijd van anderhalf jaar. Om te stabiliseren zou ik voorlopig bij Ilse in behandeling blijven. Uiteindelijk besloot Ilse om de behandeling helemaal op zich te nemen, hoewel ze er geen ervaring mee had. Ze kreeg echter voldoende informatie en feedback en las zich in.

IMAGO (BEELD DAT IEMAND VAN IETS HEEFT)

Imago (beeld dat iemand van iets heeft).

Haar blauwe ogen zijn gevuld met tranen
Haar mond wil zoveel vertellen,
maar de woorden blijven hangen
Haar gezicht een verhaal,
maar zo ontoenaarderbaar
Hat gaat over wat was, wat is en verlangen naar
Ik herken iets in haar
En toch lijkt ze heel ver van mij af te staan

In haar ogen kun je verdrinken
Meegezogen word ik in de onderstroom
Er is geen ontsnappen aan
Dieper en dieper verdwijn ik in het niets
Het is beangstigend
Hier in het niets
Er is niets waaraan ik mij kan vastgrijpen
Ik word overgenomen
En dan zie ik weer haar blauwe ogen

Wat ik nu zou willen
Is heel hard wegrennen
Weg van wat ik zie
Weg van wat ik voel
Weg van wat vreemd is
Weg van haar blauwe ogen
Maar ik blijf staan
Als aan de grond genageld
Ik ken haar
Ik neem afstand
En kijk, en kijk
Ik kijk aandachtiger
Haar is ik
Ik ben haar
Zij is mijn spiegelbeeld

Maar ik wil niet haar
En haar wil niet mij
Ik vervloek haar
En breek mij
In zes stukken
Het doet zoveel pijn
Als ik haar en mij breek

Ik schuif de scherven bij elkaar
Gebroken is ze
Ben ik

Maar ik wil haar lijmen
Lijmen zodat ze heelt
Scherf voor scherf
Zodat het houdt

Want ook al zijn zij en ik nu gebroken
Ik weet het
En zij weet het
Wij zijn breekbaar verbonden
En samen op weg naar herstel.

H. S.

Mijn puberdeel en ik. De boosheid zat in mijn puberdeel, waardoor zij nogal eens overheerste.
Ik dissocieerde heel vaak in haar en ik kon ook niet met haar overweg.
Maar we moesten gaan samenwerken, zodat zij uiteindelijk kon integreren en ik kon herstellen.

Op een gegeven moment leek de kurk van de fles te gaan: ik kwam steeds meer te weten welke delen ik had en waar ze voor stonden. Vaak overspoelde het mij. Er kwam zoveel narigheid naar boven!

Ik werd vaak moe van het vechten, was gewond en aangeslagen.
Ik zat gevangen in mijn eigen gevecht, leek het.

Een zee van emoties en ik wist niet wat ik ermee aan moest. Er was zoveel verdriet, pijn, eenzaamheid en angst. Mijn puberdeel was constant met mij in gevecht en mijn twee kinddelen (van 5 en 8 jaar) leken ontroostbaar.

Ik moet zelf leren fietsen, zonder zijwieltjes. Ik word steeds meer losgelaten.

In 2019 trok ik het allemaal niet meer en weer was een opname noodzakelijk. De delen namen mij vaak en heftig over en ik wilde het stoppen.

Voorgoed!

Gelukkig werd ik tegengehouden door Gert-Jan en ik belandde weer op de gesloten afdeling. Dit was de heftigste terugval die ik doormaakte.

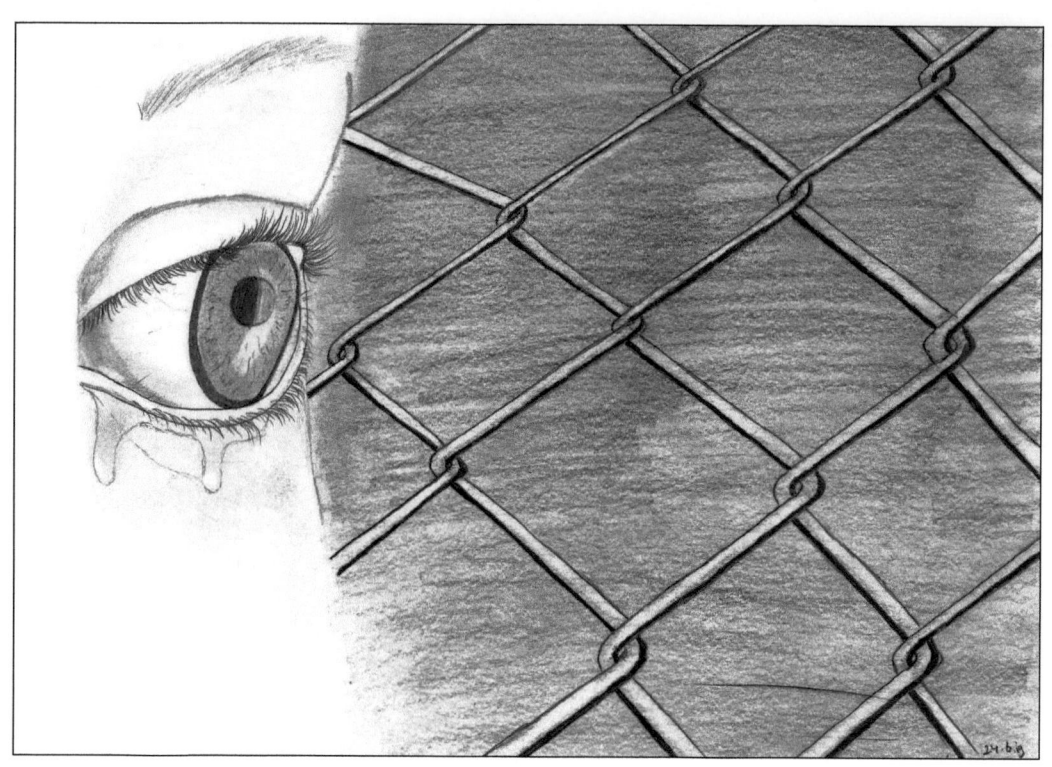

Trapped in darkness. Door de gedwongen opname voel ik mij echt heel erg gevangen.

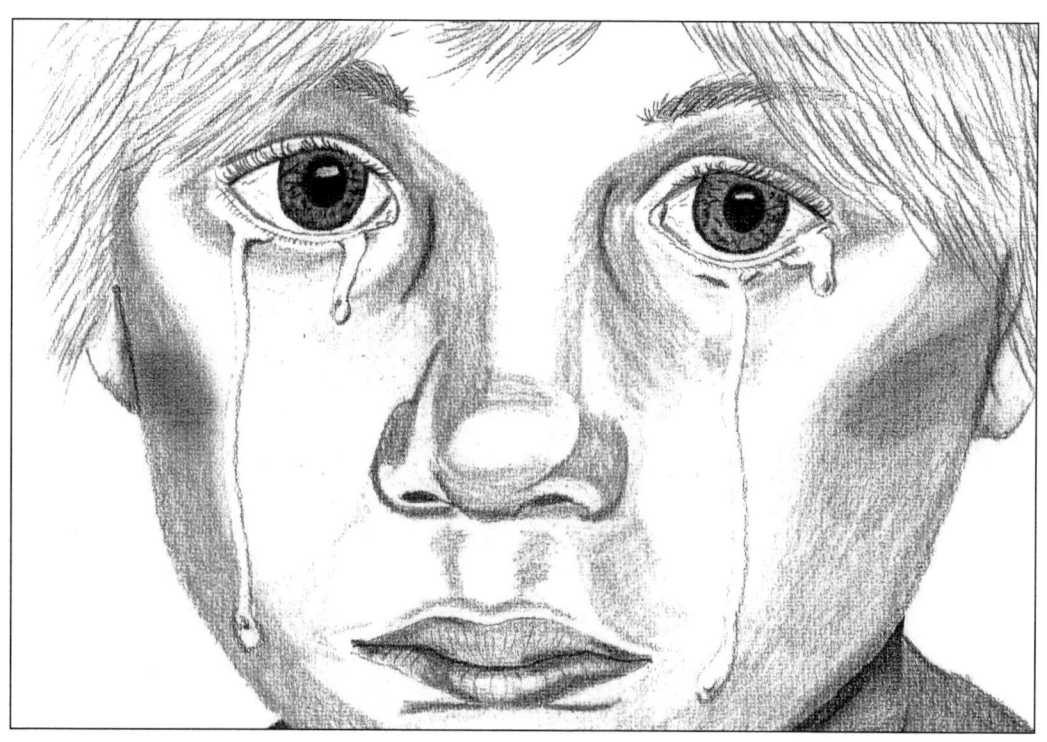

Er komt ontzettend veel verdriet naar boven bij mijn jongste deel.

Er wordt in mijn hoofd zoveel gezegd, geschreeuwd, gehuild en gevloekt. Ik kan er niet meer tegen.

In de bijna 9 jaar van behandeling bij Ilse, kom ik er steeds meer achter welke delen ik heb en welke traumatische gebeurtenissen erachter schuilgaan. Het is zwaar om alles weer zelf te gaan herinneren, om alle bijbehorende emoties te voelen. Vaak weet ik niet hoe ik er mee moet omgaan. Middels EMDR en exposure[6] probeer ik alle beelden en gebeurtenissen te verwerken. Het is een heftige strijd, maar stapje voor stapje win ik terrein.

---

6 Exposure therapie is een behandeling die gericht is op het verwerken van ernstige schokkende ervaringen (trauma's). Bij exposure therapie haal je de traumatische ervaringen in gedachten weer naar boven. Tijdens de behandeling ga je de confrontatie met je angsten aan om deze te overwinnen.
Door je traumatische gebeurtenis op te roepen en te beschrijven, ga je de herinnering minder vermijden. Zo is er ruimte voor de verwerking. Door er vaak over te praten, wen je aan de angst en neemt deze geleidelijk af. Ook de emoties die met deze herinnering samengaan worden minder heftig. Hiermee verwerk je de traumatische ervaring en krijgt het een plek in je leven

Frank

Hanne

Chris

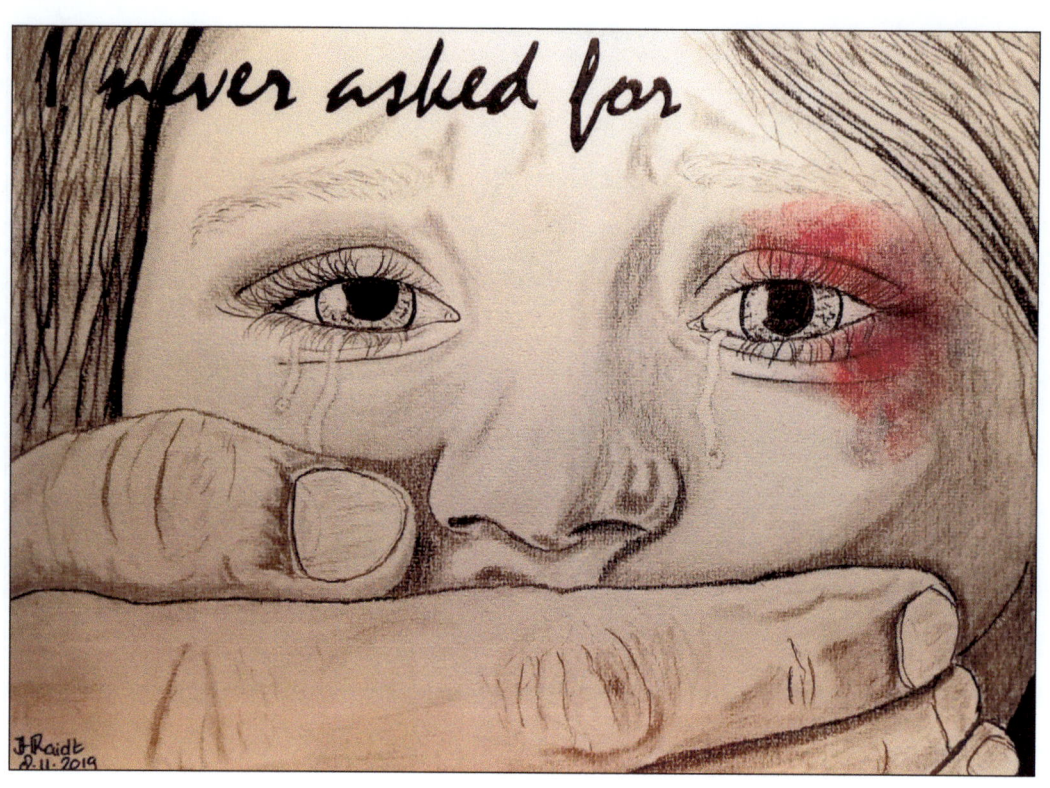

Wat er ook met mij gebeurd was: ik had er nooit zelf om gevraagd.
Mijn schuldgevoel dat sterk aanwezig was, moest ik proberen aan te vechten. Het was niet mijn schuld.
Ik kon er niets aan doen.

'Trust your journey, speed doesn't matter, forward is forward.'
Met deze tekening probeer ik mezelf moed in te spreken en maak ik me sterk dat het niet snel
hoeft te gaan, als ik maar vooruit blijf gaan.

Door de openbaring van alle gebeurtenissen, voelde ik iets in mezelf sterven.
Maar ik heb het wel overleefd!

De kritische stem in mij klaagde mij steeds maar weer aan. Zelfs als ik iets goeds deed,
was er toch weer een 'maar'. Die stem bleek echter van een ander te zijn, zat ingeprent in mijn hoofd,
dus moest ik die van mij afschudden.

Ten strijde!

Na de laatste opname vond ik het genoeg geweest: ik moest de handschoen weer oppakken en voelde me weer strijdvaardig worden om mijn gevecht te vervolgen. Natuurlijk kostte het heel veel moeite, maar ik kreeg beetje bij beetje vertrouwen dat ik het aankon.

Ook door een aantal mensen die mij bleven steunen, zoals mijn gezin, twee lieve vriendinnen, mijn psycholoog en nog anderen die om mij heen stonden, en de kracht van God, lukte het mij om de schimmen uit het verleden te verjagen.

Strijdvaardig.

Loslaten van verdriet.

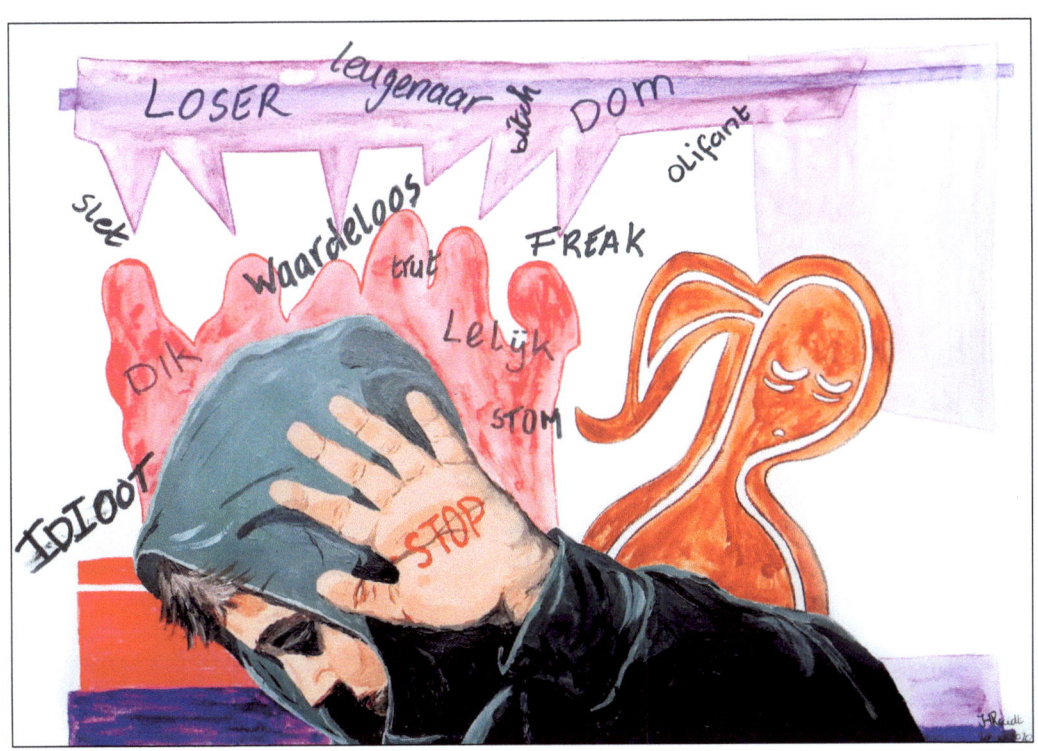

En weer werd er een stukje van mijn verleden blootgelegd. De eenzaamheid van toen, het verdriet en de pijn van toen, ging ik zelf ervaren. Als jong kind heb ik veel moeten doorstaan, maar ik ben er nog en bleef eraan werken om alles te kunnen verwerken.

Eenzaamheid, ook als jong meisje.

Verdriet.

"Verdriet is als een wolf. Een wolf die ik op een nacht in het bos vond, maar toen ik wakker werd,
bleek het niet het bos, maar mijn huis te zijn. Ik had de wolf meegenomen naar huis. In het begin sloot
ik me op in mijn kamer, want ik hoefde de deurklink maar aan te raken of ik hoorde hem al grommen
op de overloop en dan deed ik het in mijn broek van angst. Als ik hoorde dat hij sliep, glipte ik snel
naar buiten om naar de wc te gaan. Een paar keer heb ik hem daarmee wakker gemaakt en kwam
hij achter me aan, greep me en deed me echt veel pijn. Gaandeweg kwam ik erachter dat het enige wat
ik kon doen, was proberen vriendschap met hem te sluiten. En datzelfde geldt voor verdriet. Als je het
niet kunt verjagen, is het enige wat overblijft langzaamaan proberen vrienden te worden. Dat lukt
niet in één dag, daar gaan maanden, misschien wel jaren overheen. Tot hij op een goede dag naast
je zit te grommen, maar je niet bijt. Je aait hem en hij gromt, maar bijt je niet. En dat is de ommekeer,
want vanaf die dag zit hij je niet meer met vlammende ogen achter de deur op te wachten.
Hij laat zich zelfs af en toe en langzamerhand steeds vaker aaien tot de wolf een hond wordt en je op
een dag zelfs met de deur open slaapt. En, nog later, word je 's ochtends wakker en komt hij je
kwispelend tegemoet springen. Dan voel je je opgelucht, omdat je je verdriet hebt getemd.
Je hebt het van een wolf omgetoverd in een hond en dat is geweldig.
Maar soms zijn er nachten waarin de wolf, door de volle maan of juist het pikdonker of door een
gebeurtenis die hem onbewust weer oproept, onverwacht weer uit de hond tevoorschijn komt.
Je hoort hem huilen op de overloop en dan doe je je deur weer op slot. Je weet maar nooit,
je bent die angstige nachten niet vergeten, je bent die wolf niet vergeten. En ook al mogen jullie
elkaar inmiddels, de angst gaat nooit weg, nooit helemaal.
Nee, verdriet kun je niet uitwissen. In het beste geval kun je het temmen."

Een van de opdrachten die Ilse mij gaf, was het tekenen of schilderen van een mooi meisje.
Een opdracht die als tegenhanger diende voor alle scheldwoorden die ik had moeten aanhoren,
waardoor ook mijn zelfbeeld een harde knauw had gekregen. Het schilderen was een pittige opdracht
en raakte me diep. Het was een van de meest emotionele werken die ik 'moest' maken.

Tijdens een redelijk goede sessie, nam mijn puberdeel Chris mij ineens over. Zonder aanleiding en zonder waarschuwing vooraf. Ilse had al regelmatig gesprekken met Chris gehad en met haar ook de nodige afspraken gemaakt. Zo zou Chris eerst met mij overleggen of ze met Ilse mocht praten. Maar nu nam Chris mij over, zonder met mij te overleggen. Ilse gaf aan dat het niet in overleg was gegaan en dat zij zo niet in gesprek wilde gaan. Daarop werd Chris boos, schopte tegen de tafel, gooide haar spullen door de kamer en haalde uit naar Ilse. Vervolgens liep Chris kwaad weg. Er waren daarna zoveel gedachten en emoties in mij, dat ik niet wist wat ik ermee aan moest. Thuis probeerde ik het uit te werken in een schilderij.

Betekenis van de kleuren:
Geel – rusteloos/aangeslagen
Zwart – leeg/ verdriet
Rood – boosheid
Blauw – angst
Violet – behoefte aan bescherming en veiligheid
Groen – schaamte/ behoefte aan zekerheid.

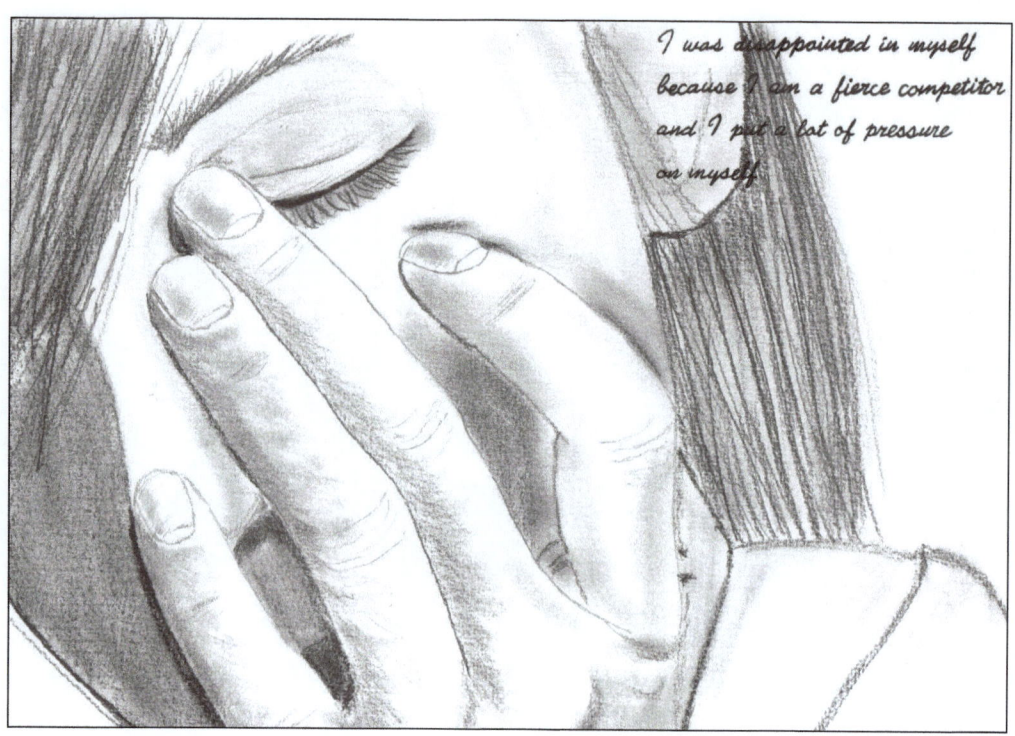

I was disappointed in myself because I am a fierce competitor and I put a lot of pressure on myself.

Na die heftige sessie, voelde ik mij zo beschaamd en teleurgesteld in mijzelf. Ik wilde het zo graag goed doen, zo graag weer beter worden, maar ik leek mezelf steeds weer te moeten tegenwerken.

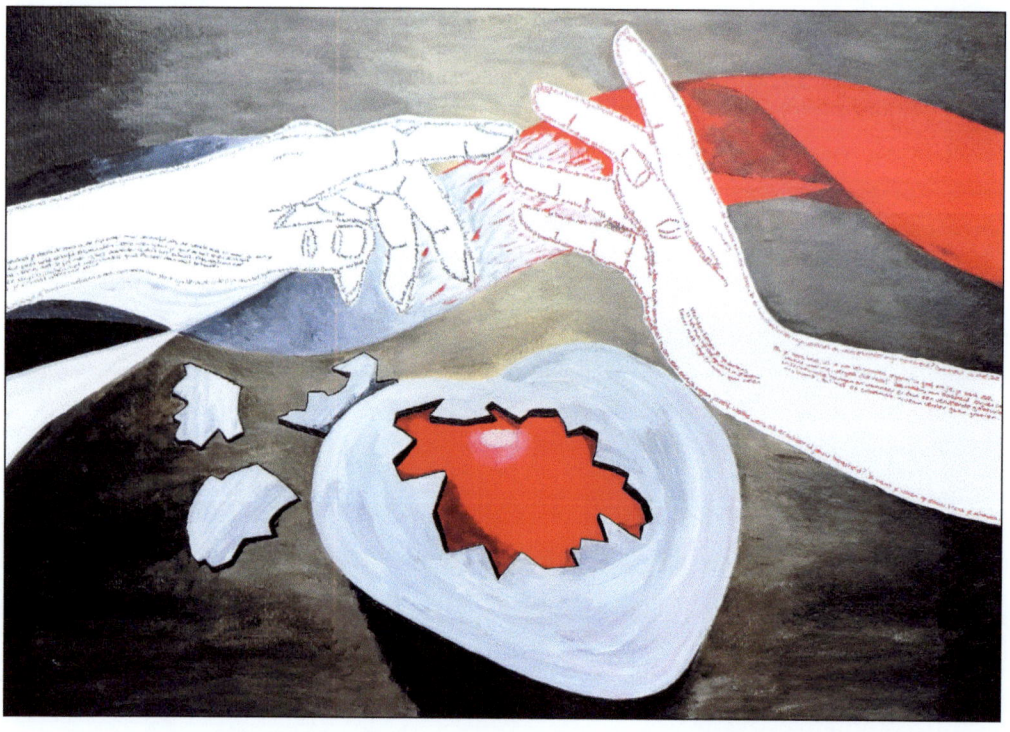

Ik moest proberen om boosheid naast verdriet te zetten. Vooral ook omdat ik boosheid zelf nogal veroordeelde. Ze mogen er allebei zijn, naast elkaar. Uiteindelijk werd het – voor mij althans – toch nog een pittig schilderij.

Wellicht zijn alle draken in ons leven
uiteindelijk wel prinsessen
die er in angst en beven
slechts naar haken
ons eenmaal dapper en schoon
te zien ontwaken

Wellicht is alles
wat er aan verschrikking leeft
in diepste wezen
niets anders dan iets
dat onze liefde nodig heeft

-Rainer Maria Rilke-

Vergeving maakt vrij!

Vier delen van mij waren al naar voren gekomen. Ik heb de gebeurtenissen van hen herbeleefd en die trauma's kon ik gaan verwerken. Dat verwerken is een lopend proces en zal nog wel even wat tijd vragen.

Er was nog één deel in mij over, die aandacht moest hebben voordat ze kon gaan integreren. Evelien was ongeveer 18 jaar, was verlegen en moeilijk te benaderen. Tijdens de vakantie van mijn psycholoog zou ik daar alvast de voorbereidingen voor doen, door te proberen dichter bij dat deel te komen en contact te maken met haar. Dat contact verliep echter zo goed, dat ik dat deel al kon omarmen voordat wij zelf op vakantie gingen. Hierdoor lag de weg open voor verwerking en integratie. Een mooie stap dus.

Maar in dezelfde periode gebeurde er nog meer!

Ik was er namelijk al een tijdje mee bezig in mijn hoofd: het vergeven van hen die mij zo erg bezeerd hadden in mijn jeugd. Al eerder was ik er mee bezig geweest, maar toen was ik er duidelijk nog niet aan toe.

Maar nu, na het lezen en herlezen van de teksten uit het boek 'Het Geschenk' van Edith Eger over vergeving en vrij snel daarna een stukje uit ons dagboekje 'Erewoord' van Lieuwejan van Dalen, dat ook over vergeving ging, leek het erop dat alle puzzelstukjes op hun plek vielen.

Edith Eger schreef: 'Vergeving is niet iets wat we doen voor de persoon die ons pijn heeft gedaan. We doen het voor onszelf, zodat we niet langer slachtoffers of gevangenen van het verleden zijn, zodat we kunnen ophouden met het meedragen van een last die volledig uit pijn bestaat'.

Ze schreef nog meer over vergeving, wat uiteindelijk ook terugkwam in het stukje van Lieuwejan.

Het stukje uit 'Erewoord' stond bij 11 augustus en ging over Mattheüs 6:14-15: 'Want als u de mensen hun overtredingen vergeeft, zal uw Hemelse Vader u ook vergeven'.

Lieuwejan schrijft daarover onder andere: 'Vergeving is de schuldige loslaten en vrijspreken van schuld. Jezus vraagt je niet of je kúnt vergeven, want niemand kan dat uit zichzelf. Alleen God kan je daarvoor de kracht geven. De vraag is wel of je wílt vergeven. Dat gaat om je hart'.

Later vult Lieuwejan dit nog aan met: 'Vergeven is ook geen moeten, maar het is een geschenk van God – niet alleen voor een ander, maar zeker ook voor jezelf.

Het is de schuld van de ander aan God overgeven. Zo ontvangt je hart genezing en bevrijding. Vergeving maakt je leven veel lichter'.

Met andere woorden: vergeving maakt vrij!

Het lezen van dat stukje was net het zetje dat ik nodig had en ik zocht contact met een vriendin om een gebedswandeling te maken. De volgende avond, 12 augustus 2022, gingen we wandelen en vertelde ik dat ik eraan toe was om te gaan vergeven. Zij begon met het gebed en vervolgens nam ik het over. En stuk voor stuk kon ik de daders, waarvan ik ooit slachtoffer was geweest, opnoemen en vergeven. Ik legde de schuld van hen bij God neer, zodat ik daarvan bevrijd zou worden.

Natuurlijk was het een hele stap, ook niet heel eenvoudig, maar ik heb hem wel gezet en gaandeweg viel er een last van mijn schouders. Nee, ik kón ze zelf niet vergeven, maar God gaf mij de kracht en de moed om het wel echt te wíllen en het ook uit te spreken.

Een aantal dagen later, tijdens onze vakantie, kwam pas het echte besef van wat er nu was gebeurd. Ik voelde me wat onwerkelijk, onwezenlijk, maar niet onaangenaam. Ik genoot en het leek alsof al mijn zintuigen wagenwijd open stonden. Ik ervoer een soort ontspannenheid, een vrijheid, die ik niet eerder had gevoeld. Het gevoel na bijna 12 jaar van psychische ziekte: "Ik ga weer leven!"

De enige grote stap die ik toen nog moest gaan zetten, was het vergeven van mijzelf en van mijzelf te gaan houden. Ik nam het mijzelf namelijk erg kwalijk dat mijn gezin door mijn toedoen zo tekort was geschoten. Ik was er vaker niet dan wel voor hen. Ik zag niet waar zij behoefte aan hadden.

Zoals Edith Eger ook schrijft: 'Het kan zijn dat je je vasthoudt aan het schuldgevoel of de schaamte richting jezelf. Maar de enige die deze etiketten op je plakt, ben je zelf. Het leven geeft je kansen om voor je vrijheid te kiezen, van jezelf te houden zoals je bent'.

En ook die stap heb ik kunnen zetten, uiteindelijk.

Middels onder andere de COMET-training (Competitive Memory Training – het vergroten van je kijk op een positief zelfbeeld) die mij tools heeft gegeven om het negativisme over mezelf om te zetten in positivisme, te weten en te erkennen dat ik er mag zijn en dat ik ruimte voor mezelf mag innemen, kan ik mezelf beter waarderen.

En mijn schuldgevoel is ook zo goed als verdwenen, want ik weet dat wat mij en ons als gezin is overkomen, mijn ziekte en alle daarbijbehorende obstakels, niet mijn schuld was. Het is mij, en daardoor ons, overkomen ...

Door vergeving ontsluit je je eigen deur.

De quetzal, de vogel die bij de Maya's een symbool van vrijheid is, omdat hij het in gevangenschap niet overleeft.

Mijn herstel is nagenoeg een feit! Ik kan de therapie gaan afronden.
Om het te 'vieren', ontwerp ik een tatoeage voor mijzelf.
De boom is de verbinding tussen hemel en aarde – God en mijzelf.
De bladeren geven het opnieuw geboren zijn aan.
De pijl staat voor toekomstgericht. Weliswaar zullen er hiaten blijven,
maar ik kan mij weer geheel gaan focussen op mijn toekomst.
De zwaluw staat voor vrijheid.
De 5 wortels zijn de 5 delen, die weer samenkomen in één stam – ik.
Doordat ik gevangen was, ben ik blij met mijn vrijheid.
Door mijn ziekte ben ik dankbaar voor mijn genezing.
Door de contrasten kom ik uit bij God.
Het donkere verleden maakt plaats voor een lichter heden en toekomst.

Afscheid

At some point in your life, you *realize* that some people can stay in your *heart* but not in your *life*

Het werd tijd om afscheid te nemen van mijn verleden, maar ook tijd om afscheid te nemen van alles wat mij de afgelopen jaren heeft geholpen om tot dit punt te komen, waaronder de beeldend therapeute en mijn arts bij Eleos, de zorgboerderij, de kinderboerderij waar ik de paarden mocht verzorgen. Ik zei ook vaarwel tegen de diverse kostgezinnen, waar ik korte periodes verbleef om tot rust te komen, waardoor ik minder opnames nodig had en ook mijn gezin op adem kon komen.
Onder dat afscheid viel ook het afscheid van Ilse, bij wie ik bijna 9 jaar in behandeling ben geweest. Dat viel mij heel zwaar. Zij had mij zo goed geholpen, had naar mij geluisterd zonder oordeel, hield vertrouwen op een goed eind en had een eindeloos geduld met mij. Het voelde alsof ik een vriendin moest laten gaan. Maar ik weet dat ik het kan zonder haar en vol vertrouwen ga ik mijn nieuwe leven beginnen!

Epiloog

Bijna 12 jaar heb ik (en heeft mijn gezin) geleden onder de traumatische ervaringen uit het verleden. Door DIS werd alles nog complexer.

Veel mensen begrepen niet wat er precies met mij aan de hand was en net als bij andere mensen met psychische klachten, zie je vaak niets aan de buitenkant en wordt het na een tijdje 'gewoon' of wordt het in de vergeethoek gedrukt. "Je ziet niks, dus er is niets aan de hand."

Ook reacties als: "Wanneer is het nu eens klaar?" en "Is het nu echt nodig om die beerput open te houden?" kwamen meerdere malen langs.

Het schrijven in mijn dagboeken en het maken van emotietekeningen hebben mij geholpen om bepaalde emoties te verwoorden en onder ogen te zien.

Met dit boek, waarin een selectie van die tekeningen staat, hoop ik mensen met psychische klachten te kunnen bemoedigen. Misschien vinden ze een stukje herkenning en zien ze in dat er ook kans op herstel is, hoe moeilijk en lang de weg ernaartoe ook is. Ook hoop ik begrip en erkenning te kweken voor mensen die rondom getraumatiseerde mensen staan, dichtbij of verder ervan af. Maar ook om hen moed te geven! Want voor mensen die nauw naast een persoon met DIS leven, is het ook vaak een machteloze en wanhopige strijd.

Ja, ik ben behoorlijk goed hersteld, maar er zullen altijd wat restverschijnselen blijven. Bij bepaalde triggers zal ik weer even contact moeten zoeken met mijn drie overgebleven delen. Maar ik heb wel de controle over hen en kan goed met hen in gesprek gaan, waardoor er sprake is van een echte samenwerking. Zullen ze ooit echt helemaal integreren? Dat is een vraag waar ik geen antwoord op heb en ik weet ook niet of dat er veel toe doet. Ze zijn en blijven een deel van mij, maar ik kan er prima het leven mee leven dat ik graag wil.

Gaandeweg neem ik weer deel aan het arbeidsproces. Een jaar of vijf voordat ik ziek werd, was ik als onderwijsassistent aangesteld op een SBO-school. Na een aantal jaren, werd ik ontslagen, omdat ik twee jaar ziek was. De normale gang van zaken, maar wat voelde dat hard.

Ik kreeg echter de ruimte om toch naar school te blijven gaan als vrijwilliger om mijn dagen structuur te geven. In het begin ging ik maar een paar uurtjes per week, maar dat kon ik langzaamaan steeds meer opbouwen.

Nu ben ik aan het re-integreren en kan ik waarschijnlijk over niet al te lange tijd volledig mijn oorspronkelijke werk oppakken.

Uiteraard hebben mijn man Gert-Jan en onze kinderen ook erg geleden onder een vrouw en moeder die psychisch vaak afwezig was, maar er ook fysiek niet was door diverse opnamen en het verblijf in kostgezinnen. Dat viel ook net in de puberteit van de oudste twee en de bewuste kinderjaren van de jongste. Ze zijn allemaal veel tekortgekomen. Ook tussen Gert-Jan en mij zat een bijna onoverbrugbare kloof, mede veroorzaakt door mijn opstandige puberdeel, dat niets van mannen moest weten.

Gelukkig is de kloof tussen Gert-Jan en mij weer gedicht en zijn onze kinderen ondanks alles uitgegroeid tot mooie volwassen mensen.

Door alle problematiek kon ik nooit echt genieten en was het een enorme opgave om in publieke ruimtes en op drukke plekken te komen. Ik was altijd op mijn hoede en er moest altijd iemand achter mij lopen om mij te beschermen tegen plotselinge aanrakingen.

Nu is dat een stuk beter geworden. Ik kan weer genieten van alles en iedereen om mij heen en van de dingen die ik weer durf te ondernemen. Ik sta niet continu op scherp en raak ook niet meteen in paniek als iemand mij per ongeluk aanraakt.

Ik ben nog wel alert op onverwachte situaties, maar in veel mindere mate dan tijdens mijn ziekte.

Wat ik nu nog wel nodig heb, is structuur. De vakantieperioden zijn nog lastig, maar dat vang ik op door een goede planning te maken.

Dankwoord

Ik ben enorm dankbaar dat ik op dit punt ben terechtgekomen.

Het voert te ver om iedereen bij name te noemen die mij de afgelopen jaren op zijn of haar unieke manier heeft ondersteund in wat ik nodig had. Toch wil ik wel een paar belangrijke mensen in het bijzonder noemen, op het gevaar af dat ik iemand vergeet.

In de eerste plaats natuurlijk mijn man Gert-Jan. Door zijn geduld, trouw en liefde zijn wij samen hier doorheen gegaan en doorheen gekomen. Zonder hem had ik het niet volgehouden. Hij gaf mij de tip om mijn emoties uit te tekenen, toen ik er zo vast in zat, dat ik er geen weg in zag hoe ik ze kon uiten. Hij heeft ook zijn kritische blik laten gaan over dit manuscript, evenals Lieke en Ruben.

Onze kinderen Wouter en Lieke, Ruben, Joëlle. Zij steunden mij op de manier die bij hen paste. Wouter in de vorm van een paar sterke armen om mij heen, samen met Dollo en een portie humor. Lieke die belangstellend en empathisch met mij meeleefde. Ruben die mijn verhalen aanhoorde, meer deed dan een kind behoorde te doen en onze kat Mowgli aanspoorde om zijn 'werk' te doen. Joëlle die Gert-Jan erop attendeerde als het niet goed met mij ging en toen ze oud genoeg was, naar mij luisterde, ook echt bepaalde dingen wilde weten en mij troostte.

Mijn twee lieve vriendinnen, Gerjanne en Marijke, die ieder op hun eigen unieke manier er voor mij waren en er gelukkig nog steeds voor mij zijn (met of zonder chocola).

Mijn professionele psycholoog Ilse, waarbij ik bijna 9 jaar in behandeling was, die oneindig veel geduld met mij had en steeds maar vertrouwen bleef hebben in een goede afloop. Hoewel zij geen ervaring met DIS had, zag zij toch kans mij op de juiste manier te behandelen.

Mijn beeldend therapeute, die mij handvatten gaf over hoe ik mijn emoties op papier kon overbrengen.

Mijn pastorale hulpverleenster, die mijn tekeningen kon 'lezen' en bleef 'hameren' op het feit dat God mij nooit zou loslaten.

De directeur en alle collega's van SBO Het Speelwerk. Door hun begrip, medeleven en door de ruimte die zij mij gaven, kon ik mijn structuur vasthouden.

Buitenplaats Vechterweerd, de zorgboerderij waar ik 7 jaar mocht komen voor de nodige dagbesteding. Er werd daar naar mij geluisterd en ik kon daar mijn creativiteit en passie voor dieren kwijt.

De lieve mensen van mijn kosthuizen, die belangeloos hun huizen voor mij openstelden, zodat ik mezelf weer even kon opladen. Daardoor kon ook mijn gezin weer even bijkomen en had ik minder opnames nodig.

Dio, lezer van het eerste manuscript, die waardevolle opmerkingen, verbeteringen en aanvullingen aandroeg.

Hilma wil ik bedanken voor het lezen van de laatste versie van het manuscript en het geven van fijne feedback.

Ten slotte wil ik onze families en andere belangstellenden bedanken voor wat zij voor ons gedaan hebben, waaronder ook zeker een luisterend oor voor Gert-Jan valt.

En bovenal bedank ik God, dat Hij mij heeft vastgehouden, ook al voelde ik het vaak niet zo. Hij heeft mij gespaard op momenten dat ik niet verder wilde. Hij heeft mij gedragen, toen ik niet meer verder kon. Hij gaf mij het talent om door tekeningen mijn emoties te kunnen uitdrukken. Door Zijn kracht, Zijn steun en onuitputtelijke liefde sta ik waar ik nu sta en zie ik een hoopvolle toekomst voor mij.

Bronvermelding

Definitie van DIS: samengesteld uit verschillende bronnen en aangevuld door een GZ-psycholoog
Uitleg EMDR: https://www.emdr.nl en https://www.wijzijnmind.nl
Uitleg exposure: Exposure therapie – Lentis
Uitleg copingstrategie: Wat is coping? Duidelijke uitleg en 7 Coping Strategie voorbeelden – LiberiUitleg automutilatie: Zelfbeschadiging (wijzijnmind.nl)
Fragment uit Making me real van Adrian Snell, 1975
Quote van afbeelding 29: Dr. Phil McGraw
Fragment uit Anyone out there? van Wulf, 2019
Verdriet: citaat uit Sterker dan elk afscheid van Enrico Galiano, Luitingh-Sijthoff 2020
Wellicht zijn alle draken – Rainer Maria Rilke, 1875-1926
Bijbels dagboek Erewoord van LJ van Dalen, Groen-Jongbloed 2018
Het geschenk van Edith Eger, Lev. 2020
Quote van afbeelding 59: Max Lucado

Voor meer informatie over DIS:
https://www.ggzstandaarden.nl/zorgstandaarden/dissociatieve-stoornissen
DIS | Caleidoscoop – landelijke vereniging voor mensen met een dissociatieve stoornis
Caleidoscoop heeft ook een lijst met informatiebronnen over dissociatieve stoornissen samengesteld: www.caleidoscoop.nl/informatie/literatuurlijst.
Animatie – Wat is een dissociatieve identiteitsstoornis? (psychosenet.nl) – een korte animatiefilm over DIS
DIS is me (dis-is-me.nl) – een online project waarin een team van ervaringsdeskundigen de anonieme ervaringen van mensen met DIS en naasten verzamelen en delen.

EIN HERZ FÜR AUTOREN A HEART FOR AUTHORS À L'ÉCOUTE DES AUTEURS MIA KAPΔIA ΓIA ΣYΓΓPA
HJÄRTA FÖR FÖRFATTARE UN CORAZÓN POR LOS AUTORES YAZARLARIMIZA GÖNÜL VERELIM SZÍV
CUORE PER AUTORI ET HJERTE FOR FORFATTERE EEN HART VOOR SCHRIJVERS TEMOS OS AUTOR
HERZÖINKÉRT SERCE DLA AUTORÓW EIN HERZ FÜR AUTOREN A HEART FOR AUTHORS À L'ÉCOUT
CORAÇÃO ВСЕЙ ДУШОЙ К АВТОРАМ ETT HJÄRTA FÖR FÖRFATTARE Á LA ESCUCHA DE LOS AUTOR
AUTEURS MIA KAPΔIA ΓIA ΣYΓΓPAΦEIΣ UN CUORE PER AUTORI ET HJERTE FOR FORFATTERE EEN H
YAZARLARIM ZA GÖNÜL VERELIM SZÍVÜNK SZERZŐINKÉRT SERCE DLA AUTORÓW EIN HERZ FÜR
VOOR SCHRIJVERS EMOS OS AUTORES CORAÇÃO ВСЕЙ ДУШОЙ К АВТОРАМ ETT HJÄRTA FÖR

De auteur

Hanneke Raidt (1969) is getrouwd, heeft 3 volwassen kinderen,
waarvan de oudste is getrouwd. Ze is geboren in Wijhe, onder
de rook van Zwolle. Ze woont samen met haar man en haar
twee katten in Zwolle en vult haar dagen als onderwijsassistent
op een SBO-school, met schilderen, lezen, wandelen en paardrijden. Ze heeft een passie voor dieren. Wat schilderen en tekenen
betreft, is ze een echte autodidact. In het begin tekende ze met
pastelpotlood en -krijt, nu schildert ze voornamelijk met acrylverf. Sinds 2011 is ze, aangezet door haar man, begonnen met
haar emoties en gedachten uit te drukken in tekeningen. Dit
hielp haar om bepaalde emoties te herkennen en later ook te
erkennen en het psychische proces, dat 12 jaar duurde, tot een
goed einde te brengen.